¿Miedo a ser feliz?

-psicología de la personas ansiosas-

Phillip A. Johansen

Editorial Anuket

Índice

Capítulo 1
¿A qué le tememos?

En nuestro tiempo, la palabra "fobia" es conocida por todos. Es una patología manifestada en forma de miedo hacia un objeto específico, un evento, un ser, etc. Todo el mundo tiene miedo de algo hasta cierto punto. En la mayoría de los casos, esto es normal, porque sin el simple miedo, las personas no tendrían el instinto de conservación. Pero si el sentimiento de ansiedad no le permite vivir tranquilo, y le hace aferrarte al problema, estamos hablando de una patología que necesita tratamiento. Hay muchos tipos de miedo en psiquiatría. Todos ellos aparecen por diferentes razones y son tratados de diferentes maneras. Considere la siguiente lista de fobias humanas y su significado.

A continuación, la mayoría de los miedos/fobias registrados y ordenados alfabéticamente:

* Ablutofobia: A la natación
* Aviafobia: Tomar un vuelo
* Agorafobia: Grandes espacios abiertos, plazas
* Acuafobia: Al agua
* Acrofobia: Miedo a las alturas
* Alginofobia: Dolor
* Amaxofobia: Miedo a conducir.
* Amnesifobia: Perder la memoria
* Androfobia: Miedo a los hombres e intimidad con ellos.
* Anquilofobia: El miedo surge en el pensamiento de la inmovilidad.

• Antofobia: Ansiedad o pánico al ver flores.
• Apeirofobia: es el Fobia miedo excesivo del infinito
• Astenofobia: A tener debilidades
• Atazagofobia: A olvidarse cosas
• Autofobia: A permanecer tiempo a solas
• Automisofobia: A la contaminación
• Cacofobia: Miedo irracional y enfermizo a la fealdad.
• Cardiofobia: A las enfermedades cardiovasculares
• Cinofobia: hacia los perros
• Cleptofobia: Hacia los ladrones, a sufrir un robo
• Coimetrofobia: Pánico al ver cementerios
• Contreltofobia: (también llamada agrafobia) es el miedo o fobia a sufrir un abuso sexual.
• Cometofobia: Objetos espaciales y eventos.
• Criofobia: Al frío
• Chorophobia: Miedo a bailar.
• Entomofobia: es el miedo (o fobia) a los insectos
• Escotofobia: Miedo irracional y enfermizo a la oscuridad
• Estaurofobia: Miedo irracional y enfermizo a las cruces y crucifijos.
• Gnosiofobia: Hacia los nuevos conocimientos
• Gatofobia: La ailurofobia o gatofobia es un anormal e injustificado miedo a los gatos.
• Glosofobia: Miedo a hablar en público
• Godofobia: Miedo a viajar
• Gravidofobia: Hacia el embarazo y mujeres embarazadas
• Hedonofobia: Al buen sentimiento, al sentimiento feliz
• Hemofobia: Ver sangre (ataques de pánico severos que pueden causar desmayos)

- Herascofobia: A la vejez
- Herpetofobia: A las serpientes
- Heterofobia: Representantes del sexo opuesto.
- Hidrargiofobia: Artículos que contienen mercurio
- Hilofobia: A las áreas forestales
- Hipegiafobia: Ser responsable por algo
- Hipnofobia: A la hipnosis
- Hipofobia: Miedo irracional y enfermizo a los caballos. Sinónimo: equinofobia.
- Homofobia: Del miedo (al odio) hacia los homosexuales
- Kairofobia: Hacia lo nuevo (personas, cosas, eventos, lugares)
- Koinofobia: Miedo a vivir una vida ordinaria
- Kopofobia: Miedo a la fatiga
- Koumpounofobia: es una fobia extraña, pero que existe. Se explica, básicamente, como el miedo irracional y persistente a los botones.
- Papirofobia: Miedo al papel
- Paralipofobia: Hacer algo mal
- Panofobia: Miedo irracional y enfermizo a todo. Sinónimo: pantofobia.
- Partenofobia: Miedo irracional y enfermizo a las vírgenes y/o mujeres muy jóvenes.
- Pirofobia: Hacia el fuego
- Proctofobia: estado de aprensión o miedo enfermizo o patológico a padecer de afecciones del recto.
- Psicofobia: Hacia personas con enfermedades mentales
- Pteronofobia: Miedo constante a que te hagan cosquillas con una pluma.
- Queirofobia: Heridas durante los procedimientos de peluquería.
- Quirofobia: A las manos

- Selafobia: Miedo irracional y enfermizo a los destellos y relámpagos
- Silenofobia: Silencio
- Sinofobia: Al comunismo
- Serofobia: Al SIDA
- estenofobia Espacios demasiado estrechos
- Talasofobia: Hacia el mar abierto.
- Tanatofobia: Hacia el fin de la vida
- Tafefobia: Ser enterrado vivo
- Teniofobia: Infecciones con gusanos
- Termofobia: Calor, alta temperatura
- Tomofobia: Terror salvaje antes de la cirugía
- Traumatofobia: Lesiones, heridas, condiciones traumáticas
- Tripofobia: es el miedo o repulsión generado al mirar o al estar cerca de figuras geométricas muy juntas, especialmente orificios pequeños y rectángulos muy pequeños.
- Tredecafobia: Hacia el número 13
- Xerofobia: Hacia la sequedad (tiempo seco)
- Zoofobia: miedo irracional y constante hacia los animales.

La anterior lista enumera y define fobias comunes. Pero, de hecho, hay muchas más, que se van determinando científicamente o por la asociación popular entre la aversión y un objeto o situación, lo que demuestra una vez más la prevalencia de las enfermedades mentales en nuestro tiempo.

Los miedos más comunes

Ya citamos algunas fobias que puede padecer una persona. Ahora consideraremos las más comunes de ellas. En psiquiatría, hay alrededor de 10 miedos que los pacientes de los psicoterapeutas enfrentan a menudo:

• El pánico frente a espacios cerrados se denomina claustrofobia en psiquiatría.
• Miedo de ver a los muertos o ir a los funerales, que se le llama necrofobia.
• La aerofobia es un miedo intratable a los viajes aéreos.
• Miedo a lugares o habitaciones oscuras: Nictofobia.
• La acrofobia es el miedo a estar arriba. Las personas con esta patología tienen miedo al escalar. No pueden escalar una montaña o simplemente sentarse en un taburete.
• El pánico al ver arañas es aracnofobia. Esta patología es el tipo más común de zoofobia.
• Miedo extremo a los dentistas y procedimientos dentales. Estas personas rechazan el tratamiento, incluso si la condición del diente necesita tratamiento.
• El miedo a las serpientes es ofidiofobia. Por lo general, todo el mundo tiene miedo a los reptiles, pero en los ofidiofóbicos este miedo es obsesivo. Se niegan a visitar tiendas de mascotas, zoológicos y otros lugares donde se alojan serpientes.
• La hemofobia es un pánico que ocurre cuando una persona ve sangre. El horror es tan fuerte que un hemofóbico puede desmayarse con solo verla.
• Otro tipo común de miedo es la cinefobia, en la que las personas tienen mucho miedo a los perros.

La lista de las fobias humanas más comunes se complementó recientemente con la carcinofobia, el miedo a contraer cáncer. Por un lado, esto se debe al aumento del cáncer en el planeta. Cada vez más pacientes recurren a los psicoterapeutas para que los ayuden a deshacerse de los pensamientos obsesivos sobre el cáncer.

Fobias humanas: clasificación según Karvasarsky

La lista de Karvasarsky se usa en psiquiatría. Se trata de un conocido psiquiatra que dividía las fobias/miedos según la trama:

Tipos de fobias

Pánico ante el público: cuando una persona no soporta estar entre la gente, es imposible soportar las críticas a su discurso. Esta clasificación incluye el miedo a las multitudes, a hablar en público, a los nuevos conocidos, al sexo opuesto, etc.

Fobia/miedo a hacerse daño a sí mismo o a los demás: Miedo a la infección, a las lesiones (por lo tanto, pánico por objetos afilados), miedo al suicidio, miedo a dañar a otros

Fobias asociadas al movimiento en el espacio: Estos incluyen miedo al transporte público, miedo a las alturas, espacios cerrados y abiertos, etc.

Miedo a enfermarse, contraer una enfermedad desagradable: Miedo a las enfermedades oncológicas, venéreas y otras.

Miedo a ofender: Miedo a decir palabras obscenas, portarse mal en público.

Miedos íntimos: Pánico ante el sexo, miedo al embarazo, al parto.

Miedo a la propia muerte: Las personas a menudo tienen miedo de ser enterradas vivas.

Miedo secundario que se desarrolla en el contexto del miedo asociado con una fobia existente: Si la fobia no se trata, con el tiempo se desarrollarán patologías adicionales que requerirán un tratamiento más complejo.

Qué son las fobias: patología primaria y secundaria

Hablando de los tipos de fobias, cabe señalar que se dividen en primarias y secundarias. La lista de fobias primarias es larga, la hemos cubierto anteriormente. Por ejemplo, si una persona tiene miedo de volar en avión, su miedo se llama aerofobia. Esta es una patología primaria. Pero cuando otros trastornos lo incluyen en sus antecedentes, hablamos de un trastorno secundario. Además, por ejemplo, puede desarrollarse miedo a las alturas o a los espacios cerrados.

Complementados con patologías secundarias, necesitan ayuda profesional. De lo contrario, el miedo de la persona aumentará. Para deshacerse de la patología que interfiere con una vida satisfactoria, debe encontrar un especialista competente. Puede buscar la ayuda de un psicólogo-hipnólogo, por ejemplo.

En nuestro tiempo, las fobias crecen como flores asombrosas y, a menudo, una persona no tiene una "decoración" tan rara, sino un ramo completo. Además, todo esto se oculta cuidadosamente de los demás tanto como sea posible. Y si la mayoría de la gente piensa que los miedos fóbicos más o menos comprensibles, como el miedo a las alturas o el miedo a volar en avión, no deberían ser objeto de debate público, ¿qué pasa con las fobias exóticas? Lo principal y lamentable es que, a menudo, el propio paciente no comprende que tiene una enfermedad mental, explica su condición como hábitos, rasgos de carácter e incluso su propia incompetencia, pero nunca como una enfermedad.

¿Qué es la Querofobia?

Hay muchos tipos de fobias, más de 300 tipos. Entre ellos hay algunos que se pueden explicar de alguna forma lógica, por ejemplo, el miedo a las arañas o a las alturas. Una de estas extrañas fobias se puede clasificar como querofobia: el miedo a divertirse.

Se sabe que la fobia se traduce del griego como miedo, pavor, temor. Pero el estado de fobia humana no puede llamarse miedo en el sentido habitual de la palabra. Para ser diagnosticado con una fobia, el miedo debe estar presente todo el tiempo, ni siquiera en la superficie, sino escondido en el fondo donde nadie puede alcanzarlo, ¡o incluso verlo! ¡Nadie sino el propio paciente! Esto es exactamente lo que sucede cuando una persona sufre de **querofobia** o también conocida como **hedonofobia.** ¿Qué significa esto y cómo se ve la enfermedad?

Si volvemos a la lengua griega, el origen del nombre fobia resulta estar conectado con las palabras "placer" y miedo. Como resultado, tenemos un paciente que sufre de un miedo obsesivo a cualquier placer. A menudo, una persona está segura de que, si se permite experimentar algo muy placentero, tendrá que pagarlo cruelmente y el castigo que le sobrevendrá será muchas veces mayor que el placer que recibió. Ese miedo puede clasificarse como místico, pero no hace que el paciente se sienta mejor, y la persona se niega mucho a sí misma y sufre mucho. A veces, una persona incluso tiene miedo de los pensamientos de un posible placer e intenta cambiar de inmediato a otro tema, resolviendo algunos problemas de producción. Un ejemplo sería la lucha interna que sufre una persona "muy creyente de su fe" que es tentado por mirar revistas con contenido sexual, y teme recibir por ello un castigo divino. Aquí el placer de la "contemplación" es tutelado como "pecado".

En la raíz de cualquier enfermedad mental se encuentra una causa oculta de la que el propio paciente puede no ser consciente. Por ello, los expertos siempre insisten en que el origen del problema asociado al miedo fóbico siempre se encuentra en la infancia del paciente. Las complicaciones más complejas de las condiciones psicológicas a veces están tan entrelazadas que solo un médico experimentado puede resolverlas. Si el niño fue regañado y castigado por las alegrías que le eran queridas en la infancia, entonces, por supuesto, después de un cierto tiempo estableció una cierta conexión entre los hechos. Si fue amonestado porque se juntó con sus amigos a jugar a la pelota, pero al progenitor no le agradó (y no le dio las razones) el niño asociará alegría con castigo. Y el resto de las posibles alegrías de adulto estarán teñidas con esa fórmula.

Si en la familia en la que crece el niño, las alegrías se suprimen constantemente por razones religiosas o de otro tipo (actitudes severas de los padres), y el castigo por el placer no es accidental, sino normal, entonces se puede desarrollar una patología clara en una persona pequeña. El niño deducirá "Es mejor quedarse quieto y no participar en actividades alegres que ser mental o físicamente castigado por ello". Una persona puede aprender algo similar del ejemplo de otras personas, escuchando diferentes historias, viendo una película con una trama similar. Con la edad, un paciente con hedonofobia empieza a temer el placer sexual, creyendo que el placer de la intimidad no queda impune y que todo lo bueno de la vida hay que pagarlo. Si un hedonófobo escucha la afirmación de que una persona debe ser feliz, que es su destino, solo se reirá con ironía, explicando que esto es imposible, al menos para él personalmente.

El comportamiento de los hedonofóbicos es que rechazan categóricamente todo lo que la gente sana considera entretenimiento. Si experimentan alegría, este sentimiento se ve inmediatamente eclipsado por la expectativa del castigo. Si se ven involucrados en un evento repentino, aleatorio y desagradable, por ejemplo, perder la billetera, que lo despidan del trabajo o se enferma, esto lo tomará como un patrón, es decir, un castigo por la alegría experimentada en algún momento.

En este caso, el sentimiento de culpa es muy grande y es muy difícil establecer relaciones con el paciente. Teme y prohíbe el disfrute de la amistad y el amor. Los colegas lo invitan a ir a pescar este fin de semana; habrá cerveza, humor y naturaleza; a lo que él pondrá mil excusas para decir ¡No! Si se le da la oportunidad de llevar a la chica que le agrada a la casa, y ella le invita a pasar y tomar un café, aprovechando que sus padres no están; el piensa que sufrirá un severo castigo por tal placer (si acepta)

Con un curso leve de la enfermedad, es posible que los demás no lo noten en absoluto, y la neutralidad que profesa y el comportamiento extraño que muestra, generalmente se atribuirán a sus rasgos de carácter, y nadie sabrá qué sucede en el alma del hedonófobo cuando se niega a tener vacaciones, o concretar una cita romántica. Habiendo reunido toda su fuerza de voluntad, tal paciente prefiere luchar contra su miedo por su cuenta.

No hace falta decir que es muy difícil para él. Pero si la enfermedad llega lejos y continúa desarrollándose, entonces las terribles condiciones causan síntomas muy obvios. A menudo se trata de latidos cardíacos rápidos y trastornos respiratorios, aumento de la sudoración, sequedad de boca. También puede haber dolor en el pecho, temblores, asfixia, vómitos, debilidad general. Todo a su alrededor parece irreal, y el paciente cree seriamente que puede morir.

Una fobia es un miedo obsesivo e irrazonable que ocurre en una persona en ciertas situaciones que no tienen nada que ver con situaciones que amenazan la vida.

Capítulo 2
Miedo a ser feliz

¿Puede la felicidad ser negativa? La investigación muestra que sí, y para la mayoría de nosotros. A menudo trae miedo y duda. ¿Me lo merecía? ¿La felicidad estará conmigo después de un tiempo? ¿Quizás otros están celosos de mí?

Tales pensamientos hacen que la vida sea una lucha para algunas personas. Les preocupa que en cuanto sientan alegría, el momento pasará rápido y caerán en un agujero emocional. En lugar de disfrutar el momento feliz, temen el futuro. Los psicólogos llaman a este fenómeno miedo a la felicidad.

Muchos especialistas en el campo de la psicología y la psiquiatría notaron una peculiaridad en el pensamiento de algunos pacientes: no podían experimentar alegría y placer, y cuando alguien intentaba ayudarlos, respondían con ansiedad. "Algo bueno está pasando hoy, pero algo malo puede pasar mañana", decían.

Según los resultados del estudio, el miedo a la felicidad es especialmente característico de los pacientes deprimidos y propensos a la depresión, pero se diferencia de otras neurosis y fobias. Sin embargo, puede ser un tema de consulta con un psicólogo.

¿Por qué tanta gente trata de suprimir deliberadamente el sentimiento de felicidad? Según algunos estudios, esto puede deberse a una baja autoestima: una persona puede sentir que no es digna de alegría y placer. Muchas personas inseguras responden paradójicamente al éxito o la alegría: intentan suprimir, calmar o distraerse del sentimiento de felicidad.

Las personas pueden usar diferentes métodos para reprimir sus emociones felices.

La palabra querofobia proviene de las palabras griegas Chero, que significa "alegría, diversión" y Phobia, que significa "miedo". Así, la querofobia es un miedo o pánico incontrolable e incomprensible que acompaña a todas las situaciones asociadas con la alegría, la diversión, la felicidad. Incluso pensar en eventos futuros, no solo en lo que está sucediendo ahora, les crea miedo.

Signos de querofobia

Los rasgos característicos de la querofobia son el pánico, el miedo a la diversión, la evitación constante de situaciones relacionadas con la alegría. Si tales eventos no se pueden evitar, aparecen síntomas característicos de todo tipo de fobias: comienza el pánico, acompañado de asfixia, latidos rápidos del corazón, temblores, debilidad, desmayos, sudor frío, indigestión, espasmos alimenticios y miedo.

Los síntomas se debilitan cuando hay un ser querido cerca, en quien el querófogo confía completamente.

Causas de la querofobia

Las causas se están estudiando detenidamente, pero aún no se comprenden del todo.

La querofobia también puede aparecer después de una sola pero infructuosa broma en la infancia. Después de todo, a veces los niños organizan bromas muy crueles. Una broma inofensiva puede tener consecuencias trágicas si la víctima es demasiado impresionable. El miedo a volver a sentirte mal y estar en una situación en la que todos los que le rodean son divertidos y alegres a costa suya, hace que prefiera evitar a las personas alegres y las emociones positivas.

Otra razón puede ser un evento trágico que ocurrió inmediatamente después o durante un evento feliz. Por ejemplo, la muerte de un ser querido en el día de su cumpleaños.

Los trastornos mentales y la predisposición genética son causas comunes de esta condición.

¿Quién está en riesgo de convertirse en un querófogo?

En la mayoría de los casos, cualquier fobia se desarrolla en niños de padres ansiosos. Al criar a un niño, le inculcan una actitud peligrosa hacia lo que le temen. En el caso de la querofobia, se trata de vacaciones, diversión, alegría, felicidad.

Se ha observado que esta condición se desarrolla con mayor frecuencia en los introvertidos porque no se sienten cómodos con muchas personas, especialmente con extraños. Por lo tanto, cualquier actividad, incluido el entretenimiento, les causa incomodidad.

Los que padecen esta situación afectiva se distinguen por su aislamiento y cercanía con el mundo exterior. Es más cómodo para ellos sumergirse completamente en su experiencia interna. Pueden entrar en su trabajo sin darse cuenta de cómo los demás están felices y entretenidos.

Tienen miedo de ser felices porque piensan que a la felicidad le seguirá algo terrible. Debido a esto, no buscan mejorar sus vidas en absoluto. Y algunos creen que no merecen ser felices y disfrutar de la vida.

Con esta patología, una persona siente una intensa ansiedad, preocupación, incertidumbre, pánico y miedo durante las vacaciones o situación que para el común de las personas sería agradable. Generalmente su entorno, sin comprender la situación, lo instan a incorporarse a cualquier entretenimiento; y si él no logra negarse a participar en tales actividades, trata de encontrar un lugar aislado y seguro para él.

Evitan no solo las vacaciones, sino a las personas graciosas que intentan hacerlos reír, animarlos o empezar a contarles historias graciosas de la vida. Los querófogos no entienden por qué existe la necesidad de divertirse, por qué la gente celebra los días festivos, organizan fiestas, se reúnen para los cumpleaños y se divierten en cualquier situación. Y mucho menos, jamás entenderán por qué las personas desean sobresalir del resto o ser populares.

Tratamiento

La gente a veces sufre durante años sin saber que la salida de esta difícil situación es muy sencilla. Y resultó que es una de las fobias que se pueden tratar con seguridad. Esto se puede hacer contactando a un especialista que trabaja con varias fobias. El tratamiento es a través de psicoterapia. La elección del método de tratamiento exacto se elige individualmente después de la conversación.

Con la ayuda de la hipnosis, el psicoanálisis y la terapia cognitivo-conductual, se va formando la capacidad de no perder el autocontrol frente a la situación fóbica, además de estar en ella, al incidir en la causa raíz del miedo. Así, poco a poco se da cuenta de que la alegría y la diversión no hacen daño.

La querofobia se puede curar por sí sola, solo si una persona toma una decisión consciente de lidiar con su miedo y animarse a sumergirse a la atmósfera de diversión y alegría. Pero no todos los padecientes pueden decidir sobre esto. Por lo tanto, es mejor buscar ayuda de un psicoterapeuta. Después de todo, deshacerse de la ansiedad es una gran felicidad.

La fobia en sí no representa una amenaza para la vida y la salud humana. Al igual que otros trastornos mentales, esta patología requiere la supervisión obligatoria del paciente.

Es necesario determinar la causa del miedo a ciertos eventos, especialmente cuando son divertidos. En el futuro, esto permitirá deshacerse de las consecuencias negativas en forma de estado de ánimo deprimido y llevar a cabo la psico-corrección.

En el proceso de la terapia cognitiva se establece una correlación que incide en el desarrollo del miedo patológico y la posterior aparición de la patología. Luego se llevan a cabo procedimientos, cuyas acciones están dirigidas a cambiar la forma de pensar y el comportamiento del paciente.
Además, el psicoterapeuta enseña al paciente técnicas de relajación que pueden suprimir el próximo ataque de fobia. Las sesiones psicoterapéuticas se llevan a cabo en 5-10 sesiones, cuya duración es de 45-50 minutos.

La psicoterapia actual no incluye la corrección farmacológica de la querofobia. A veces, a los pacientes se les recetan sedantes para normalizar el trabajo del sistema nervioso. A menudo, si la presencia de una fobia no afecta la calidad de vida y no interfiere con la actividad laboral de los involucrados, no se prescribe la terapia.

Capítulo 3
¿Qué es la felicidad?

* ¿Qué significa ser feliz? ¿Qué se necesita para serlo?
* ¿Mi tristeza es normal o exagerada? ¿Valoro quién soy y lo que hago?
* Estar feliz ¿mejora mi rendimiento o es solo cuestión de suerte?
* ¿Ser feliz es inmoral? ¿Ser feliz significa distanciarse de otras personas a las que no les va bien?
* ¿La búsqueda del éxito y la felicidad hace que una persona sea egoísta?

Todas estas ideas se remontan a nuestra cultura, reflejadas en textos filosóficos y religiosos, proverbios y dichos. Y generalmente se construyen en la infancia, por los padres u otras personas importantes.

Muchos investigadores creen que tales pensamientos pueden aparecer temprano en un niño, por ejemplo, si experimenta algo que antes le emocionaba. Por ejemplo, los adultos pueden prometer algo y luego no cumplirlo. Además, muchas personas fueron castigadas o reprendidas por mostrar alegría en la infancia. Otros se sintieron felices y se sintieron culpables frente a sus seres queridos. Por ejemplo, los padres que no saben cómo ser felices ellos mismos se sienten culpables por la felicidad de sus hijos. "¿Cómo puedes ser feliz cuando otros se sienten mal?", "¿Te alejaste y me dejaste solo?" ¿disfrutas de ello?

Las personas que temen a la felicidad se enfocan en el peligro. En lugar de luchar por el bien, solo tratan de evitar el mal. Piensan en lo malo que sucederá, que los dañará o amenazará. Esto los deprime aún más.

Según los resultados de varios estudios modernos realizados en Europa, Estados Unidos y Canadá, los síntomas de estrés, depresión y fobia están directamente relacionados con el miedo a la felicidad. Sin embargo, no está claro si el miedo a la felicidad es una causa, una consecuencia o un efecto secundario de estas condiciones.

Tal vez no sea tan importante. El miedo a la felicidad es solo uno de muchos factores y puede verse como un síntoma. Muchos expertos están de acuerdo en que la terapia es necesaria para tales condiciones. Mucha gente cree que el miedo a la felicidad se puede curar incluso con métodos simples, como mirar conscientemente los propios pensamientos y dejar ir gradualmente los pensamientos negativos. Y, por supuesto, con el asesoramiento de un psicólogo, trabajando con las causas de las creencias negativas.

Además, algunos investigadores creen que el miedo a la felicidad, al menos hasta cierto punto, no puede ser un indicador independiente de la terapia. Puede referirse a las normas culturales de una sociedad en particular. De hecho, diferentes culturas pueden tener diferentes interpretaciones de la felicidad y su lugar en la vida humana.

Por ejemplo, los representantes de la cultura occidental creen que la felicidad siempre debe estar presente en sus vidas y que dicho nivel debe aumentar constantemente. Las personas de las sociedades orientales, como las de China, creen que la felicidad es un valor variable que va y viene. Lo más probable es que esta idea tenga su origen en el taoísmo. Según esta enseñanza, todo en el mundo está sujeto a cambios, nada es permanente. Y la felicidad no es una excepción a la regla general. Además, en sociedades donde las relaciones sociales son importantes (como Japón), las personas tienden a suprimir la alegría intensa para evitar la envidia o la condena de los demás.

Es interesante que el concepto de la necesidad de felicidad y el enfoque en su búsqueda sea un elemento de la cultura occidental. Es aquí donde la falta de felicidad puede ser motivo para buscar asesoramiento individual con un psicólogo o terapia de grupo.

Sin embargo, los estudios muestran que suprimir la felicidad puede reducir significativamente la satisfacción general con la vida. Cuanto más teme una persona a los sentimientos fuertes, peor es su bienestar e incluso su salud.

Los psicólogos aconsejan creer en sentimientos de felicidad en lugar de miedo. A veces puede ser útil calmar un poco los sentimientos abrumadores. En tiempos difíciles, puede ayudar recordar que no solo la felicidad va y viene, sino también la infelicidad.

Factores que contribuyen a la felicidad

Los factores que contribuyen a la felicidad se pueden dividir en dos grandes categorías: factores externos e internos.

Los factores externos se refieren a todo lo que nos rodea y nos afecta, sobre todo a nuestras condiciones de vida. En primer lugar, es importante vivir en una sociedad que funcione bien, que sea segura y rica, un buen ejemplo aquí son los países nórdicos, que están todos en la cima de las clasificaciones internacionales de felicidad. Sin embargo, incluso en países como Suecia, se puede ver que los ingresos están vinculados a la felicidad, pero la conexión no es muy fuerte. Si se está en edad de trabajar, también es importante tener un trabajo. Los desempleados son más infelices que las personas que tienen un empleo remunerado; esto se debe a que el trabajo es más que el dinero que se gana, es un valor que nos indica que "somos útiles". Entre los que trabajan, les es particularmente importante tener un trabajo en el que sientan que están haciendo algo significativo. Otros factores como la autodeterminación y el apoyo social en el trabajo también son importantes.

Tener un tiempo libre activo también es central. Las personas que hacen ejercicio y pasan tiempo con amigos y conocidos de forma regular son generalmente más felices que aquellas que son más sedentarias y solitarias. Un problema aquí es que puede ir en ambos sentidos: si no se siente bien, el riesgo suele ser mayor de que se aísle y, por lo tanto, cree un círculo vicioso.

Sin embargo, los factores internos suelen pesar más que los externos, al menos en países como los nórdicos, donde la mayoría tiene una seguridad básica externa.

Por **factores internos** se entiende lo psicológico, por ejemplo, cómo percibimos el mundo, cómo lidiamos con la adversidad y si nos enfocamos en lo positivo o lo negativo de la vida.

Definiendo la felicidad

Se habla y se escribe de ella desde la Antigüedad. Pero los pensadores y los científicos no pueden ponerse de acuerdo sobre qué es la felicidad y cómo alcanzarla.

Los psicólogos comenzaron a estudiar la felicidad en serio hace solo un cuarto de siglo. Desde entonces, los estudios dispares se han fusionado con el movimiento de psicología positiva. Así surgió la ciencia de la buena vida o, como suele llamarse, la ciencia de la felicidad. Y ahora podemos hablar de bienestar, satisfacción, alegría de vivir, en base a datos experimentales y hechos comprobados. Muchos de ellos nos obligan a reconsiderar la sabiduría convencional.

Evaluación de la vida en general

No hay nada más difícil que definir qué es la felicidad. Algunas personas llaman a la felicidad un estado de felicidad a corto plazo, pero muy intenso, otras, una sensación estable de bienestar. Otros ven la felicidad como algo importante o como un sentimiento especial que no depende de bases objetivas.

Pero si consideramos que la felicidad es una vida que trae satisfacción, entonces los hechos son indiscutibles: los más felices no son aquellos que experimentan experiencias dichosas, sino aquellos que tienen una actitud positiva, los más estables. No siempre se pueden encontrar "razones" objetivas para la felicidad. La profesora de la Universidad de Bremen (Alemania) Ursula Staudinger llama a esto la paradoja del bienestar subjetivo: a menudo somos felices a pesar de que no hay razón para ello.

Incluso las personas más felices se entristecen a veces, y las personas más miserables experimentan momentos agradables. La felicidad no surge de nosotros ni de las circunstancias, obedece a su propia lógica, y quizás por eso tendemos a subestimarla. Los psicólogos estadounidenses pidieron a los participantes de un estudio que evaluaran el nivel de felicidad de aquellos que están privados del destino (discapacitados, desempleados, enfermos mentales, afroamericanos pobres), y luego compararon los resultados con la imagen real.

La mayoría de los encuestados creía que esas personas simplemente no podían ser felices, pero de hecho había muchas más personas felices entre ellos que infelices. En prácticamente todos los países y grupos sociales, la puntuación media de felicidad está muy por encima de cero. Incluso en los lugares más inhóspitos y difíciles para sobrevivir -en la jungla africana, en las nieves de Groenlandia y en los barrios marginales de Calcuta-, es más probable que la población sea más feliz que infeliz.

¿Qué es la prosperidad?

Cuando se habla de felicidad, los psicólogos utilizan varias de sus variedades, explica Ed Diener, destacado especialista en psicología positiva, profesor de la Universidad de Illinois (EE.UU.). Usualmente usamos las palabras "felicidad" y "bienestar" como los términos más generales. De hecho, la felicidad tiene muchas variedades: distinguimos entre la calidad de vida, el nivel de bienestar y las emociones positivas, el bienestar subjetivo y psicológico.

El bienestar subjetivo es cuán feliz es una persona desde su punto de vista subjetivo, cómo evalúa su vida. Esto quiere decir que podemos decir de nosotros mismos: "Me gusta mi vida", "Siento que vivo bien". El bienestar subjetivo implica una combinación de satisfacción con la vida y emociones positivas. Este tipo de felicidad ha sido estudiado con más detalle.

Bienestar psicológico es un término acuñado por la psicóloga estadounidense Carol Riff. Este modelo sugiere que además de satisfacer las necesidades básicas, una persona necesita autoaceptación, autonomía, control sobre su entorno, relaciones positivas, propósito en la vida y crecimiento personal. El bienestar psicológico implica que una persona está "plenamente funcionando" psicológicamente, incluso si en ese momento no se siente feliz.

La felicidad depende de nosotros, no de las circunstancias

¿Qué determina cuán felices somos? Los psicólogos estadounidenses Sonya Lubomirsky y Ken Sheldon resumieron todo lo que la ciencia sabe al respecto y lo presentaron en forma de círculo dividido en tres partes de diferentes tamaños. La parte más grande del círculo, su mitad, es la influencia del temperamento, la personalidad, la herencia. Algunos se sienten felices desde pequeños, pase lo que pase con ellos, mientras que a otros les cuesta sentir que todo les va bien.

La parte más pequeña del círculo, alrededor del 10%, es la influencia de circunstancias externas, incluido el lugar donde vivimos, el nivel de ingresos, la calidad de la educación, la pertenencia a un determinado círculo social. Por lo tanto, desde el punto de vista de los psicólogos, no tiene sentido salir de algún lugar en busca de la felicidad.

El 40% restante es cómo construimos nuestras propias vidas: qué metas buscamos, con qué personas nos comunicamos, qué actividades elegimos, qué estilo de vida llevamos. La felicidad depende de nosotros mismos mucho más de lo que solíamos pensar.

¿Cómo medir la felicidad?

El psicólogo Ed Diener ofrece una de las formas más fáciles de evaluar su satisfacción con la vida. En una escala del 1 al 7, ¿qué tan de acuerdo está con cada una de las cinco afirmaciones a continuación? Ponga

1 si está totalmente en desacuerdo, 3 si no está de acuerdo, 5 si está de acuerdo y 7 si está totalmente de acuerdo. Trate de responder con honestidad y franqueza.

1. En muchos sentidos, mi vida está cerca de mi ideal.
2. Las circunstancias de mi vida son hermosas.
3. Estoy satisfecho con mi vida.
4. Tengo en mi vida lo que realmente necesito.
5. Si pudiera volver a vivir mi vida, no cambiaría casi nada.

Ahora sume los cinco números y obtendrás la puntuación total: debe estar entre 5 y 35 puntos. Esta prueba muestra qué tan satisfecho está con su vida. Una puntuación de 15 a 25 se considera promedio, una puntuación de menos de 14 significa que su satisfacción con la vida está por debajo del promedio, y una puntuación entre 26 y 35 significa que lo más probable es que esté muy contento con la forma en que vive.

Hay poca felicidad en el dinero

Numerosos estudios demuestran que no es el dinero lo que nos hace felices. Pero, ¿por qué es tan popular este mito? De hecho, el dinero trae felicidad, pero un poco y no por mucho tiempo. Como muestra una comparación de diferentes países y personas de diferentes ingresos en los mismos países, para los pobres, la felicidad está directamente relacionada con el bienestar material, y con un aumento en los ingresos, este sentimiento aumenta para ellos.

Pero cuando se satisfacen las necesidades básicas de la vida (hay un hogar, atención médica, una persona no pasa hambre, puede permitirse el descanso y brindar una buena educación a los niños), un aumento adicional en los ingresos no hace que las personas sean más felices.

Las personas para quienes el dinero es especialmente importante se sienten más infelices que aquellas que tratan filosóficamente el lado material de la vida.

La felicidad es cuando te entienden

Esta idea, formulada en la película "Vivamos hasta el lunes", es confirmada por investigaciones de psicólogos. Una de las bases más seguras para la felicidad son las relaciones cercanas, cálidas y profundas: familiares, románticas, amistosas. Los casados o "en pareja", incluidas aquellos que están en un matrimonio civil, son más felices que los solteros, divorciados y viudos. Pero los más desafortunados de todos son aquellos que se han separado, aunque estén formalmente casados.

El hecho mismo de registrar un matrimonio no conduce a un aumento constante en el sentimiento de satisfacción con la vida en comparación con el período anterior: el punto está en la relación en sí, y no en el sello. El valor de comunicarse con los demás es una de las principales tesis de la ciencia de la felicidad. Los líderes de psicología positiva Ed Diener y Martin Seligman descubrieron que los estudiantes que obtienen puntajes altos en las pruebas de felicidad solo tienen una cosa en común: relaciones cercanas en sus vidas.

¿Los genes lo determinan todo?

La herencia es un factor importante, pero no puede interferir seriamente con el disfrute de la vida. Parece que algunos nacemos con una mayor predisposición a la felicidad que otros. En 1996, el investigador estadounidense David Lykken publicó un artículo sobre el papel de la herencia en la determinación del grado de satisfacción con la vida. Estudiando gemelos idénticos, llegó a la conclusión de que el nivel de satisfacción con la vida depende en un 50% de nuestros genes.

De hecho, las "configuraciones" inherentes a nosotros desde el nacimiento son algo limitantes, pero ¿cuántos de nosotros hemos intentado ir más allá de las "predeterminadas"? Como escribió el escritor inglés Gilbert Chesterton, el destino no es lo que nos sucede sin importar lo que hagamos, sino lo que nos sucede si no hacemos nada. Los genes heredados no impedirán que nos sintamos felices si decidimos cambiar algo.

¿Depende la felicidad de la cultura?

También juega un papel significativo el grado en que consideramos la felicidad obligatoria, necesaria, y si consideramos su ausencia casi como una vergüenza personal. Esto se debe a las peculiaridades de la cultura, sociedad e ideología en la que vivimos, con la influencia de la moda. A menudo se critica a la civilización occidental por introducir una moda para la felicidad, por lo que las personas que experimentan fracasos y dificultades simplemente tienen miedo de admitirlos.

En algunos países, las personas se sienten más felices de lo que deberían ser, en base a parámetros objetivos, mientras que, en otros, por el contrario, la mayoría de la población se siente infeliz. Entre los primeros se encuentran, por ejemplo, China, con un alto nivel de apoyo mutuo, un hábito de vida duro y bajas expectativas, y los países latinoamericanos, donde tradicionalmente se cultivan las emociones positivas.

El segundo es el rico Japón, donde es difícil mantener una percepción positiva de la vida debido a la fuerte presión de las normas y requisitos sociales. Esto también incluye a casi todos los países de Europa del Este y la antigua URSS, donde el sentido de identidad de las personas se ve afectado por la inestabilidad y la destrucción de su forma de vida habitual.

Rusia en la década de 1990 y principios de la de 2000 estaba entre los forasteros en términos de felicidad, superando, según las encuestas, incluso a países económicamente más desfavorecidos como Uzbekistán y Bangladesh. Esto se debe en parte a que en su cultura no se acostumbra demostrar felicidad y bienestar. Sin embargo, la dinámica positiva es notable: hoy, el 77 % de los rusos dicen que se sienten felices.

¿Pueden los medicamentos hacerte más feliz?

Vale la pena aclarar de qué drogas estamos hablando. Entonces, algunos tranquilizantes realmente pueden llamarse "píldoras de la felicidad". Estos medicamentos actúan activamente sobre el sistema nervioso, calman, alivian la tensión y la ansiedad. Una persona se relaja, pierde el sentido de la realidad y comienza a percibir todo en rosa. Aquellos que toman estas píldoras corren el riesgo de acostumbrarse a ellas con bastante rapidez y perder por completo su entusiasmo por la vida.

La nueva generación de antidepresivos ayuda a las personas que viven activamente, trabajan duro y no pueden hacer frente a la sobrecarga, consecuencia de su exceso de empleo. Los antidepresivos les permiten estar más tranquilos, mirar la vida con más sobriedad, responder adecuadamente a lo que está pasando y no derramar sus emociones. Pero, ¿hacen más feliz a una persona? Es poco probable: después de todo, ninguna píldora puede resolver el problema del vacío de la existencia de una persona, llenar su vida de significado.

Ser feliz es bueno para la salud

La experiencia de la felicidad es hermosa en sí misma. Pero las personas felices resultan ser más exitosas profesionalmente, son más apreciadas por los gerentes y los clientes, es menos probable que se queden sin trabajo, es menos probable que cambien de trabajo. En general, son más saludables, pierden menos días de trabajo por enfermedad.

Según la investigación de los psicólogos Lubomirsky, King y Diener, la felicidad, así como las emociones positivas, la sensación de satisfacción, de bienestar y de esperanza, reducen el riesgo de enfermedades cardiovasculares, diabetes y resfriados. En las mismas condiciones de vida, las personas felices viven más tiempo, tienen mejor inmunidad y se recuperan más rápido después de una cirugía mayor. Son más altruistas, socialmente activos, perciben a los demás con más benevolencia, resuelven mejor los problemas creativos.

La felicidad, como la ciencia ahora sabe, no nos hace egoístas. Por el contrario, la obsesión por uno mismo y la falta de atención a los demás son mucho más características de quienes son infelices.

La felicidad puede crecer

Todos tenemos un rango individual de felicidad: aunque los eventos de la vida afectan el sentimiento de felicidad, después de cierto tiempo su nivel vuelve al punto de partida. Pero no todos: hay cambios persistentes en el nivel individual de felicidad, generalmente hacia arriba. Por lo tanto, al conocer y aplicar formas de aumentar la felicidad, podemos llegar a ser más felices.

La felicidad es posible. En ella influyen muchos factores, pero en mayor medida no depende de circunstancias externas, sino de cómo construimos nuestra vida. Ed Diener y Martin Seligman comparan la verdadera felicidad con la música sinfónica, donde el sonido es creado por muchos instrumentos, pero ninguno de ellos por sí solo es suficiente. Cada uno tiene su propio camino hacia la felicidad, no existe una llave universal que abra esta puerta.

La gente feliz vive más

La psicóloga Ilona Bonivell habla de este y otros descubrimientos de los últimos años en el libro Claves de la felicidad. What Positive Psychology Can Do, publicado por Vremya Publishing House con el apoyo de la revista Psychologies.

La conclusión sobre la relación entre la felicidad y la longevidad se hizo como resultado de un análisis de las declaraciones de las jóvenes de 18 años que ingresaron al monasterio. Posteriormente, llevaron vidas igualmente modestas y todas trabajaron en la escuela. Resultó que el nivel de felicidad determina la esperanza de vida.

Con base en las declaraciones, los investigadores identificaron una cuarta parte de las niñas más felices y una cuarta parte de las más infelices. El 90% de las monjas más felices seguían vivas a los 85 años, mientras que solo el 34% de las monjas infelices seguían vivas. Y el 54% de las monjas más felices estaban vivas incluso a los 94 (entre el desafortunado 11%).

¿Somos más felices hoy que antes?

La evolución de la felicidad a lo largo del tiempo difiere ligeramente en los distintos países. En la mayoría de los países, la felicidad no comenzó a medirse entre la población hasta los años 90. En general, se puede decir que la satisfacción con la vida ha aumentado algo durante los últimos veinticinco años. También puede ver a nivel mundial que los países que se desarrollan y tienen una mejor economía generalmente aumentan en felicidad.

Sin embargo, una excepción interesante es Estados Unidos, que ha tenido aproximadamente el mismo nivel de felicidad durante los últimos 50 años, a pesar del buen crecimiento económico del país. Una explicación para esto podría ser que el crecimiento benefició principalmente a los ricos, mientras que la clase media no se vio tan afectada.

¿Cómo afectan los teléfonos inteligentes y las redes sociales a nuestra felicidad?

Hay estudios de los EE. UU. que muestran que el uso de teléfonos inteligentes entre los jóvenes reduce su bienestar, lo que no suena descabellado. A menudo les roba tiempo a otras cosas que nos hacen sentir bien. Al mismo tiempo, hay muchos indicios de que depende de cómo se use el teléfono inteligente y las redes sociales. Por ejemplo, se ha encontrado que las personas que están activas en las redes sociales y participan en discusiones, publican fotos, etc. generalmente obtienen un efecto positivo al usarlo, mientras que las personas que son más pasivas obtienen un efecto más negativo.

Capítulo 4
Modelos alternativos
de felicidad

Tres tipos de felicidad

Como sabrá, existe un campo de investigación llamado psicología positiva. Algunos lo llaman un poco despectivamente investigación de la felicidad.

Las bases de la psicología positiva las puso, entre otros, Martin Seligman, en todo caso es él quien ha tenido que ser la cara de muchas cosas. Seligman fue presidente de la Asociación Estadounidense de Psicología y, a fines de la década de 1990 fundó la rama de la psicología conocida como psicología positiva. Seligman cuenta que la psicología se ha centrado tradicionalmente casi por completo en lo que él llama "El modelo PERMA", también llamado teoría del bienestar, que se trata de una teoría de elección no forzada.

Esto significa que se toma a alguien que está enfermo, que tiene un diagnóstico o que simplemente no se encuentra bien y se lo trata de curar. Por supuesto, es muy encomiable, pero Seligman y varios otros comenzaron a pensar si no se podía usar la psicología para estudiar a las personas felices, que se sentían y funcionaban muy bien, para ver qué hacían y cómo pensaban y luego usar ese conocimiento para hacer que las personas decaídas fueran felices o los que ya lo eran, lo fueran aún más.

La investigación de Seligman dio como resultado que la felicidad se clasificara en tres tipos diferentes, o tres fases diferentes.

La primera fase la llamaré aquí
La dulce vida

La segunda fase la llamaré
La Buena Vida

Y la tercera fase la llamaré
Y la vida significativa

Fase 1 - la vida dulce
El primer nivel: la dulce vida probablemente se puede decir que es el que muchos de nosotros luchamos intuitivamente. Seligman lo llama The Pleasant Life y, algo simplificado, se trata de producir sentimientos positivos. Y aprender a aferrarse a esos sentimientos. Podemos hacer esto de muchas maneras diferentes. Consumo, relaciones sociales, festejos, viajes; y así. Cuando piensa en lo que le gustaría hacer si ganara mucho dinero en la lotería, usted se encuentra en este tipo de felicidad.

Hay varios problemas con este tipo de felicidad. Uno de ellos, que probablemente sepa o sienta, que es relativamente volátil. Funciona mientras tenga este sentimiento positivo o mientras pueda recordar el sentimiento positivo, pero requiere nuevos estímulos y esos estímulos generalmente necesitan aumentar en intensidad; o al menos ser variados. Una experiencia que se siente absolutamente increíble la primera vez que se hace, por lo general pierde su efecto con bastante rapidez. Se necesita algo más, o algo diferente para volver a producir los mismos sentimientos positivos.

Además, este tipo de felicidad, o nuestra capacidad de sentir emociones positivas, es hereditaria. Nacemos con una cierta habilidad y la parte que se puede entrenar es bastante pequeña. Entonces, cuando alguien dice que es positivos con su mente y otros que se consideran negativos, de esto es de lo que estamos hablando.

Fase 2 - la buena vida

El siguiente nivel, Seligman llama a la buena vida "The Good Life" y una parte muy importante aquí es "El flujo"; o sea, encontrar algo en la vida, que puede ser una actividad, en la que pueda participar plenamente y a gusto. Mientras se la hace, la persona se desconecta de todo lo que sucede fuera de ella. El tiempo y el espacio dejan de existir.

Y el flujo puede provenir de muchas cosas diferentes, dependiendo de quién se es y de cuáles sean los intereses. Algunos obtienen flujo cuando trabajan en la huerta, otros lo experimentan cuando resuelven crucigramas, escriben códigos o juegan al ajedrez. Puede, pero no tiene que ser algo productivo en el sentido de que crea un valor económico para la sociedad.

Fase 3 - la vida significativa

El tercer nivel de felicidad al que Seligman llama la vida significativa, es donde se encuentran aquellos que se sintieron más felices y fueron los que lograron usar sus fortalezas personales, es decir, en aquello en lo que eran buenos, y lograron con esfuerzo superar los obstáculos. Hicieron algo que no solo los ayudó a ellos, que mejoró sus vidas, sino que también ayudó a otros.

Al examinar estos tres niveles, los investigadores, notaron que había una correlación muy clara entre qué tan satisfechos estaban los sujetos con sus vidas y cuánto de las dos últimas categorías, La buena vida y la Significativa vida, cada uno tenía. Cuanto más flujo y más significado, más satisfecho con la vida se estaba.

En la primera categoría, la vida dulce, donde hay un esfuerzo por tener emociones positivas, no hubo conexión con la cantidad de emociones positivas que se lograban y de cuán satisfecha la persona se sentía con su vida.

Y como se habrá dado cuenta, cambié el concepto de felicidad a satisfacción. Como siempre, es difícil de definir y fácil quedar atrapado en lo que realmente se quiere decir, pero muchas personas probablemente ven la felicidad como lo que ves en los comerciales de Coca Cola, gente feliz sonriéndose y riéndose.

Pero la satisfacción puede ser otra cosa, no tiene que incluir sentimientos positivos tan directos.

Las sociedades más felices y sus estilos de vida

Partamos a un viaje emocional por los países escandinavos, desde Suecia hasta Finlandia, para conocer estilos de vida alternativos ligados a lo esencial, el bienestar, la relajación y qué los hace felices. Así que hablemos de Hygge, Lagom, Cosy y Lykke, los estilos de vida equilibrados de los países nórdicos.

- **Dinamarca la filosofía de la intimidad.**

El término danés "Hygge" se traduce como "calidez, intimidad", pero abarca mucho más.

Esta filosofía Hygge, pronunciada "hugga", de repente se ha vuelto popular en todo el mundo. El motivo radica en su ser esencial, pero sobre todo en su forma agradable, suave y relajante de entender la vida. En esencia, significa crear un ambiente acogedor y disfrutar de la belleza de la vida con los seres queridos (¡pero también con nuestros amigos animales!). ¡Esta manera de hacerlo tiene un efecto beneficioso también y sobre todo en el espíritu!

Hygge es un estilo de vida dedicado a la suavidad, la relajación, las pequeñas alegrías de la vida.

El calor de la chimenea es Hygge. Ver una película con la familia es Hygge. Encender una vela perfumada es muy Hygge. Una manta en las piernas y una taza de té humeante es super Hygge. Y no hay nada más Hygge que sentarse con amigos y familiares a tomar chocolate caliente o una copa de vino tinto.

En resumen, Hygge significa disfrutar infinitamente de las pequeñas y grandes alegrías de la vida. Tal vez esa es la razón por la cual los daneses son algunas de las personas más felices del mundo.

- **Lagom: el arte de la vida armoniosa más allá del hygge**

Dejamos Dinamarca y nos vamos a Suecia para conocer la filosofía Lagom. Un verdadero arte que se traduce en una vida equilibrada. Lagom es, de hecho, sinónimo de moderación. Evitar lo "demasiado" o "muy poco" eligiendo el término medio correcto. Centrarse en la sobriedad evitando los excesos.

Lagom es un estilo de vida consciente. Es pensar en el bienestar del grupo y de la familia, evitando centrarse única y exclusivamente en uno mismo. Es respetar los recursos naturales al preferir un estilo de vida ecosostenible. Lagom es elegir la sencillez en el hogar y en la vida cotidiana. El objetivo de esta forma de vida sueca es el equilibrio, "lo suficiente". Lagom es saber captar algo positivo en cada situación, siendo capaz de sacar una lección de cada experiencia. Vivir en armonía con el mundo con las cosas esenciales.

Uno de los consejos más preciados que sugiere la filosofía Lagom es encontrar tiempo para la relajación. El estilo de vida de Lagom se centra en el concepto de "ritual". Dedícale un ritual que satisfaga las necesidades y emociones más profundas.

Todo en el estilo de vida de Lagom se basa en la sostenibilidad, el ahorro energético y el uso de materiales respetuosos con el medio ambiente, y esto también se aplica a la moda.

- **Vida acogedora: dejarse inspirar por la suavidad**

Acogedor: una verdadera forma de vida hecha de dulzura, abrazos, pequeños gestos que embellecen el confort del hogar. Una filosofía escandinava muy popular en estos momentos.

Imagine volver a casa después de un día estresante y dejarse abrazar por un ambiente acogedor. Dejarse envolver por las cálidas luces de la casa, el cálido y penetrante aroma de las velas con el perfume a vainilla y el aroma de un té con sabor caliente. Luego, recostarse en el sofá envuelto en una suave manta de lana y descansar los pies y la cabeza sobre suaves cojines.

Aquí... el estilo acogedor es una de las recetas más básicas de la felicidad.

- **Niksen, el dulce sin hacer nada**

Ahora vayamos a Holanda y conozcamos una práctica que identifica el secreto de vivir bien en la inercia. ¿No es interesante? Después de todo, eso es lo que todos esperamos un poco. Bueno, si no podemos pasar todo el día sin hacer nada, entonces démonos el gusto de diez minutos al estilo Niksen.

El Niksen es la filosofía holandesa que apunta a la reconciliación con uno mismo invitando la desconexión de la mente. Niksen es cerrar los ojos, escuchar música, mirar el cielo por la ventana, sumergirse en un baño tibio y amortiguado. Lo importante es hacer honor al significado de la palabra Niksen, estar inactivo es hacer algo útil.

- **Lykke: pura felicidad**

Cuando se trata de bienestar, los daneses siempre están a la vanguardia. Son conscientes de lo importante que es disfrutar de las pequeñas cosas para vivir bien. Volemos a Dinamarca ahora y concentrémonos en el Lykke. Traducido del idioma danés Lykke significa "felicidad" y también "satisfacción", por lo que es una filosofía de vida que se centra en la satisfacción del cuerpo y el alma beneficiándose de los pequeños gestos cotidianos. Quizás sea gracias a este estilo de vida que Dinamarca, y especialmente Copenhague, sean considerados los lugares más Lykke del mundo. Todos, después de haberse dedicado a las actividades laborales, dedican el tiempo restante del día a la familia, los amigos y el ocio, centrándose en la hospitalidad y la amabilidad.

- **El Sisu: cómo afrontar los momentos difíciles**

Continuamos nuestro viaje a los países nórdicos y aterrizamos en Finlandia. Analicemos el término Sisu. Una filosofía que no se puede traducir en un solo término, porque abraza coraje, resiliencia y tenacidad juntos. Estas características han hecho de toda una nación un símbolo mundial de perseverancia y corrección. Sisu es determinación, logro de metas, coraje para reaccionar ante cada circunstancia, Sisu está escondido en cada individuo, y despierta cuando se enfrenta a algún obstáculo. Con Sisu estará aprendiendo a gestionar la ansiedad y el estrés, siendo capaz de mantener a raya el miedo, perseverando en la consecución de objetivos y cumpliendo deseos. Pero Sisu es también respeto, paciencia, alianza. Partiendo de los problemas más pequeños para poder afrontar los más grandes, yendo paso a paso.

El estilo de la vista Sisu se basa en el coraje y la perseverancia. Cada problema se resuelve gradualmente, sin estrés.

- **Friluftsliv: conectar con la naturaleza**

Concluimos este breve viaje emocional con el Friluftsliv. Es un término noruego que abarca un estilo de vida inspirado en el estilo de vida al aire libre. Friluftsliv es literalmente conectar con la naturaleza, gestionar las sensaciones que se siente cuando se está al aire libre. No estamos hablando de viajes fuera de la ciudad, sino del placer primordial de estar en el medio natural. Friluftsliv no es solo paseos al aire libre, sino acampar, meditar, escuchar y ver. Admirar la naturaleza es muy Friluftsliv.

Pasar tiempo en la naturaleza trae numerosos beneficios tanto a nivel físico como psicológico, pero según la filosofía de Friluftsliv, vivir al aire libre tiene que ver también y sobre todo con el respeto a la creación y el amor a los seres vivos. Este estilo de vida se ha extendido a todos los países escandinavos, que siempre han permitido caminar y acampar en cualquier lugar de sus territorios. Esto se debe a que cada ciudadano está particularmente atento al entorno que lo rodea, respetuoso con la flora y la fauna silvestre.

Reducir el estrés, ralentizar la vida

La "aceleración" es el fenómeno de nuestro tiempo. El sociólogo Hartmut Rosa ha definido un término para el fenómeno anterior: "aceleración". Según él, la aceleración es el elemento central de cualquier modernización y, por lo tanto, tanto una bendición como una maldición a su vez.

Hacer todo lo posible en el menor tiempo posible al mismo tiempo: la "celeridad" es un fenómeno de nuestro tiempo - lo opuesto y que ayuda se llama "desaceleración". Aporta paz a nuestra vida cotidiana y ayuda a reducir el estrés.

Es una paradoja: los inventos técnicos, como los lavavajillas, las aplicaciones para teléfonos inteligentes o los temporizadores, están destinados a aliviarnos del trabajo o al menos a facilitarlo. Pensarías que tendríamos más tiempo para relajarnos. Pero ocurre lo contrario: como tenemos más tiempo, asumimos más y nos estresamos aún más.

Debido al aumento de oportunidades, estamos bajo una presión constante para hacer todo lo posible, para disfrutar de la vida y no perdernos nada. Sin embargo, esto no conduce a una mayor satisfacción, sino a lo contrario, en el peor de los casos, al agotamiento. Podemos contrarrestar esto desacelerando.

Debido a que el estrés nunca es bueno para, y por consiguiente su felicidad se ve perjudicada, tenga en cuenta los siguientes consejos que le ayudarán a ralentizar su vida y reducir el estrés:

- **Diga no**

Suena fácil, pero a menudo es increíblemente difícil para nosotros: cancelar esa cita para tomar un café con los suegros cuando se siente deprimido, o no comprometerse a cuidar del gato de un amigo al otro lado de la ciudad cuando es demasiado para usted.

Si notamos que una cita o una tarea nos está estresando, no estamos obligados a ser educados y podemos decir que no de manera amistosa.

- **Aproveche los tiempos de espera para respirar hondo**

La cola en la caja del supermercado, el atasco de camino a casa, el retraso en el metro, los tiempos de espera (cortos) nos estresan enormemente porque estamos orientados a que todo se haga rápido y, a menudo, tenemos prisa. La ira que surge no cambia la situación en absoluto, solo la empeora. Esta es exactamente la razón por la que debemos usar este tiempo para respirar profundamente.

Entonces lo que debe hacer es "esperar". Use el tiempo mientras espera, leyendo, observando, charlando con alguien.

En tales situaciones, concéntrese en usted mismo, respire con calma, sienta cómo lo está haciendo, qué emociones está sintiendo y tenga en cuenta que no tiene sentido enfadarse por la situación actual. Verá: el tiempo pasa más rápido y estará más relajado.

- **Desintoxicación digital**

La aceleración de nuestra vida también está relacionada con la digitalización. A través de los medios digitales, estamos expuestos a una avalancha constante de información, siempre estamos disponibles y estamos constantemente bajo presión para perdernos algo. Eso es estresante. ¿Es necesaria tanta información en nuestra vida? No se deje manipular por lo que otros quieren que vea y piense. Sepa seleccionar los contenidos y dedíqueles el tiempo justo.

- **Viva el momento**

Nos sentamos frente a la computadora en el trabajo, pero nuestros pensamientos están en algún lugar de los Mares del Sur, mientras hacemos compras o en Instagram. Si se encuentra a la deriva, trate de concentrarse conscientemente en el presente. ¿Dónde estás ahora? ¿A qué te dedicas? ¿Y cómo te sientes? Con un poco de práctica, podemos ralentizar nuestra vida cotidiana manteniendo la cabeza donde está el cuerpo. Viva el momento.

- **Tómese un descanso o simplemente no haga nada**

No tienes que ir al otro extremo del mundo de vacaciones para tomarse un tiempo libre. Un día o solo una hora suele ser suficiente para calmar y ralentizar su vida cotidiana. Escriba en un diario, tome un poco de aire fresco, practique senderismo o ande en bicicleta, lea un libro inspirador, sumérjase en un baño, medite o simplemente no haga nada.

Todos usan algo diferente para relajarse. Lo principal es: deje espacios deliberadamente en su calendario para estos tiempos de inactividad.

• **Sea consciente**

Mindfulness es una forma de meditación que proviene originalmente del budismo. En términos concretos, se trata de experimentar momentos conscientemente y escuchar sus sentimientos internos, sin ningún juicio. Así es como reduce el estrés y ralentiza su vida. Numerosos estudios científicos han confirmado los efectos positivos de la práctica de mindfulness sobre la salud y el bienestar.

• **Disminuir la velocidad a través del deporte**

Reducir el estrés a través del ejercicio es un remedio probado y comprobado. Incluso los deportes simples como trotar o caminar son adecuados para reducir la velocidad. Pero muchos también confían en deportes holísticos como el yoga. Debe entrenar el cuerpo, la mente y el alma en igual medida y, por lo tanto, ayudar a relajarse.

El deporte ayuda a muchas personas a reducir la velocidad. Al final del día, no importa qué deporte practique, siempre y cuando se sienta cómodo y concentrado en su entrenamiento.

Capítulo 5
Cómo enfrentar los miedos

Superando el miedo que surge de la nada

¿Quién no ha sentido alguna vez miedo? El miedo es una respuesta perfectamente normal que nos alerta del peligro y activa nuestro instinto de supervivencia. Por lo tanto, es perfectamente normal sentirse ansioso.

Pero cuando esta creencia no va dirigida contra algo concreto, entonces se vuelve irracional y puede paralizarnos. Esto se llama ansiedad irracional.

"No te rindas. Por favor, no te rindas. Aunque el frío aguijonee, aunque el miedo paralice, aunque el sol se ponga y el viento pare".
-Mario Benedetti-

Si le atormenta el miedo irracional, debes encontrar una solución. No puede desperdiciar su vida por el miedo que le paraliza. No podemos dejarnos llevar por la ansiedad. No podemos permitir que sea más fuerte que nosotros. Así que les mostraré métodos para deshacernos del miedo irracional en nuestras vidas.

- **No tengas miedo del miedo**

Para superar los temores, primero tenemos que reconocer nuestro propio miedo. Solo nosotros podemos enfrentar nuestras propias ansiedades. Nadie lo hará por nosotros. De esta forma, nos volveremos más fuertes y resistentes a otras pesadillas.

Cada desafío, cada nueva acción que se tome causará miedo, pero ¿es esto necesariamente algo malo? Por supuesto que no. El miedo actúa sobre nuestra conciencia, nos estimula a exigirnos más y a dar pasos más grandes.

¿Cómo puedo dejar de tener miedo al miedo? Comience con estos consejos:

•	Confíe en usted mismo y en su capacidad para enfrentar sus miedos.
•	Sustituya la ansiedad por emociones positivas.
•	En acción, supere el miedo. No deje que le paralice.
•	Ver el miedo como una oportunidad para aprender a superar nuevas dificultades.

Estas son solo algunas sugerencias. Tiene que elegir lo que funciona mejor y aplicarlo para combatir el círculo vicioso del miedo irracional. Sabemos muy bien que hay algunos puntos positivos que aprender de todo. La ansiedad irracional no es del todo mala y puede ser una oportunidad para cambiar su respuesta a situaciones estresantes.

Cuando tenga miedo de algo, ¡expréselo! Así entenderá mejor su miedo, dese la oportunidad de mirarlo a los ojos y superarlo. ¿Cree que es imposible? Véalo por usted mismo ...

"Conócete a ti mismo, acéptate a ti mismo, adelántate a ti mismo".
-Santo Tomás de Aquino-

Creer en sus propias capacidades y mantener un pensamiento positivo le ayudará a lidiar con la ansiedad irracional que le impide disfrutar de la vida.

• **Mire el miedo a los ojos**

Cuando reconocemos nuestro miedo y expresamos la voluntad de superarlo, entonces tenemos que mirarlo directamente a los ojos. Cerrando los ojos al miedo, no va a lograr que desaparezca. Esta puede ser nuestra reacción natural, pero no tiene ningún sentido.

Recuerde cuántas veces tuvo miedo de algo que acechaba en su habitación cuando era pequeño, y no resultó ser nada amenazador. ¿Por qué se tapaba los ojos entonces y se escondia debajo de las sábanas? ¿El hecho de que no podamos ver algo puede hacer que la amenaza desaparezca?

Con este enfoque, solo ignoramos la situación y esperamos que se resuelva sola.

"No hay nada que temer en la vida, solo hay que entenderlo"
-Maria Curie-Skłodowska-

Solo enfrentándonos a nuestro propio miedo podemos superarlo. Esto se debe a que para superar algo, primero debemos conocerlo. Pregúntese también: ¿preferiría vivir con miedo o eliminarlo por completo ahora?

Si decide deshacerse de él para siempre, o al menos aprender a lidiar con él cuando ocurre, en primer lugar, deje de evitar la ansiedad. No huya del problema.

Cuando huye del miedo, le seguirá por el resto de su vida. Como muchas otras cosas en la vida, llega un momento en que estamos hartos de huir. Eventualmente tomamos coraje y decidimos enfrentar aquello de lo que hemos tratado de escapar con tanta fuerza.

Enfréntese a sus miedos y verá que no son tan abrumadores como temía. Si sus miedos le abruman, ¡escúchelos! Comprendiéndolos bien y analizándolos a fondo, se ayudará a resolverlos y contrarrestarlos adecuadamente.

Mire el miedo a los ojos y no deje que el miedo le paralice. Usted es más fuerte que él. Confíe en usted mismo y crea en sus propias habilidades. ¡No se deje vencer a toda costa!

Muletas psicológicas para lidiar con la ansiedad

¿Qué son los orbes psicológicos? ¿Cuáles son sus desventajas?

¿Recuerda cuando era niño e iba al médico con su madre? Ella habló en su nombre, se encargó de toda la situación y usted solo observaba, escuchaba y respondía las preguntas que le hacían. Como adultos, tendemos a creer que podemos tomar el control de estas y otras interacciones por nuestra cuenta. Sin embargo, puede resultar que este no sea su caso y necesitará muletas psicológicas como apoyo. No es malo, a veces son necesarias, pero no debe acostumbrarse a ellas.

Este tipo de apoyo puede ser especialmente necesario en situaciones nuevas y desconocidas con extraños. Puede ser, por ejemplo, el primer día de clases en una universidad o al realizar algún tipo de trámite burocrático, o ir a una fiesta atestado de personas extrañas, por cuanto ir con un amigo resultaría más tranquilizador. Sin embargo, también puede necesitar ayuda en situaciones cotidianas, como salir con amigos.

A veces, tener un baile psicológico es tan natural que no se pregunta por qué lo necesitas. En otros casos, puede sentirse insuficientemente fuerte o inmaduro. Cualquiera que sea el caso, hay una profunda inseguridad detrás que puede generar un nivel de ansiedad realmente alto que le hace sentir incompetente.

Las personas que actúan como muletas psicológicas nos brindan una sensación de control y seguridad.

Una muleta psicológica se puede definir como una persona que le apoya en las interacciones sociales. Como sugiere el nombre, es alguien en quien confía para superar una situación con la que no se sientes cómodo, o sea, en la que se apoya para avanzar.

La presencia de una muleta psicológica le hace sentir seguro, cómodo y apoyado. Le dan una sensación de control y al mismo tiempo actúa como una red de seguridad. Usted sabe que, si la situación se complica, tendrá los recursos para solucionar el problema.

Por regla general, esta función la realizan sus seres queridos, con quienes tiene una gran intimidad emocional. Pueden ser, por ejemplo, padres o pareja. Otras veces, podría ser un amigo muy cercano o incluso su mascota.

¿Qué papel juegan los orbes psicológicos?

En general, si necesita apoyo psicológico, querrá llevar su muleta psicológica a cualquier evento o situación que involucre interacción social. Como mencionamos anteriormente, tener a esta persona cerca ayuda a aumentar su sensación de comodidad y seguridad. Esto se debe a varias razones. ¿Qué hacen nuestras muletas psicológicas?

- **Ayudan a mantener la conversación**

Por regla general, deje que su muleta psicológica tome la iniciativa y el control de diversas situaciones. Independientemente de si está hablando con un médico, recepcionista o vendedor, su ser querido hará la conversación y usted se limitará a escuchar, asentir con la cabeza o agregar un comentario de vez en cuando. En definitiva, la muleta psicológica lo libera de las exigencias sociales porque básicamente lo hace todo por usted.

- **Evitan que sea el centro de atención**

Gracias a la muleta emocional, siente que la presión social a su alrededor es más débil. Esto se debe a que su interlocutor tiene otra persona en quien enfocarse y recurrir. Como tal, sus expectativas no recaen completamente en usted, esto reduce la presión y le permite estar más tranquilo al interactuar.

- **Son un camino a un método de escape o esquivar**

Las muletas de psicología a menudo son una excelente manera de escapar de una situación incómoda. Por ejemplo, puede centrar completamente su atención en ellos y olvidarse de todo lo demás. Solo habla con ellos (evitando a otras personas. Alternativamente, si su muleta psicológica es una mascota, se dedicará a cuidarla y acariciarla, escapando así de la realidad social que le rodea.

Las muletas psicológicas nos ayudan a escapar de situaciones comprometedoras e incómodas.

Muletas psicológicas y su relación con la ansiedad

Hay varias circunstancias que pueden hacer que necesite este tipo de apoyo. Si es una persona neurodiversa (por ejemplo, en el espectro del autismo), es posible que se sienta más seguro y cómodo con su muleta psicológica. Lo mismo ocurre con las personas que sufren de fobia social y otros trastornos de ansiedad.

Sin embargo, aunque las muletas psicológicas pueden ser muy útiles a corto plazo (en el sentido de que ayudan a aliviar la ansiedad), en realidad perpetúan el trastorno y sus limitaciones. Esto se debe a que actúan como medidas de seguridad. Estos son los tipos de comportamiento que realiza para evitar o alejarse de situaciones que le provocan ansiedad. Por ejemplo, si es claustrofóbico, siempre puede sentarte en la puerta para poder salir de la habitación en cualquier momento.

El problema surge cuando la muleta psicológica se convierte en un obstáculo para su desarrollo personal. Solo a través de la exposición y no siguiendo métodos de evasión, notará que es posible que no necesite apoyo. Empieza a presenciar cómo sus pensamientos catastróficos no se hacen realidad.

Si siente que siempre necesita tener a alguien con usted, que tiene ansiedad por enfrentar situaciones sociales por su cuenta y eso lo limita en el día a día, lo mejor es que busque apoyo profesional.

Vale la pena recordar que las muletas psicológicas no son una solución a largo plazo y solo son adictivas. Conseguir herramientas personales para hacer frente a la ansiedad es la mejor manera de liberarse y experimentar la autonomía.

Métodos para enfrentar los miedos

• **Experimentos de comportamiento**
Este método se basa en probar sus expectativas con la ayuda de una investigación sistemática. En lugar de pensar pasivamente en una situación dada, debe tomar acciones específicas, gracias a las cuales podrá averiguar si sus temores estaban justificados o no.

Ejercicio: Realice una serie de pequeñas acciones (haciendo lo que teme) para verificar y describir sus pensamientos ansiosos. Haga algunos experimentos durante unas semanas. Escriba sus pensamientos antes y después del experimento. ¿Qué le ha enseñado esto?

• **Exposición directa a situaciones que te dan miedo.**
Se deben tomar medidas concretas para demostrar que muchas percepciones que inducen miedo son infundadas, tal vez incluso inconsistentes con la realidad.

Recuerde alguna ansiedad que haya superado. ¿Por qué esa situación ya no le hace temer? En la mayoría de los casos, el enfrentamiento a una situación de ansiedad conduce a una reducción de la ansiedad.

El miedo es un resultado a una situación que no se conoce, pero se presume nefasta para nuestro bienestar físico o psicológico; por lo que estar dispuestos a enfrentar la situación y conocer su alcance, realmente hace disminuir la ansiedad.

Cuando nos sentimos avergonzados, nerviosos o ansiosos, automáticamente queremos hacer algo que mejore nuestro bienestar. La mayoría de las veces es evasión, huir. Esto confirma nuestra creencia de que gracias a esto mantenemos el confort mental.

Tampoco se trata de enfrentar cada situación incómoda. Pero, si sucede con demasiada frecuencia e interfiere con sus actividades diarias, es necesario tomar manos en el asunto y ponerle un límite.

Conductas protectoras

Evitar no se trata solo de huir, también se puede lograr con:

- distrayendo la atención,

- evitando lugares,

- evitando situaciones,

- evitando ciertos temas,

- evitando a las personas conflictivas,

- perfeccionando el conocimiento o el dominio de lo que tenemos que enfrentar (conferencia, trabajo, relación amorosa, etc),

Si todos esos mecanismos protectores se hacen con equilibrio, la persona se protege, pero, a la larga, todo esto fortalece la ansiedad. ¡No sabe si estas situaciones son seguras porque las evita!

La eliminación de conductas protectoras irracionales, en combinación con la práctica de conductas protectoras racionales, en combinación con la exposición a situaciones que despierten miedo es la mejor terapia.

Ejercicio: Haga una lista de sus comportamientos de seguridad.

Planificación de la terapia de exposición:

•   Conozca las situaciones que evita con más frecuencia y que le provocan miedo.
•   Conozca los factores que influyen en su ansiedad en estas situaciones.
•   Conozca bien las formas de evitarlos.

•   Mire, escuche, practique: aprenda nuevas habilidades.

Ejercicio: Haga una lista de las variables que afectan el nivel de su ansiedad.

Jerarquía de exposición

Ejercicio: Cree su propia jerarquía de exposición. Ahora organícese en una jerarquía, clasifique las situaciones de miedo de la más difícil a la más fácil.

Practique de lo más fácil a lo más difícil. Sea específico acerca de estas situaciones, descríbalas cuidadosamente. Deles puntos desde 10 - ansiedad severa hasta 0 - No me siento ansioso.

Pautas de la terapia de exposición

Las exposiciones que pudo haber tenido antes, debido a las diferencias con las siguientes, pueden haber sido ineficaces: fueron accidentales, no planificadas a corto plazo. Solo empeoran la ansiedad.

Para que su exposición a la ansiedad sea efectiva, siga estos consejos:

•	Las exposiciones hay que planificarlas y hay que controlarlas.
•	Las exposiciones deben extenderse.
•	Las exposiciones deben ser frecuentes.
•	No luche contra su ansiedad. Solo lo empeora.
•	Eliminar progresivamente el comportamiento excesivo de seguridad.
•	Dese prisa lentamente (o sea, no se detenga).
•	Practique exhibiciones en presencia de diferentes personas y en diferentes lugares.
•	Prepárese para fallar.
•	No intente ser perfecto.
•	El miedo no lo sorprenderá, solo aparecerá.
•	Planifique sus exposiciones con antelación.
•	Superar el pensamiento negativo utilizando estrategias cognitivas.

Exposiciones a situaciones que causan ansiedad.

Este ejercicio requiere regularidad y constancia. Cuando uno es demasiado difícil, puede intentar primero una exposición simulada o de juego de roles. ¡Pero no se detengas ahí!

Ejemplos de exposición:

- hablar en público y opinar,

- interacción social y conversación social,

- tratar los conflictos y la posibilidad de ofender a las personas,

- ser el centro de atención,

- comer o beber en presencia de otros,

- escribir en presencia de otros,

- entrevistas de trabajo,

- contactos con las autoridades.

Los componentes del miedo

El miedo es una respuesta compleja a los estímulos de nuestro entorno. Representa una interacción de diferentes modos de reacción, que constan de tres componentes:

- **El componente conductual**: el comportamiento que se ha desarrollado en nosotros cuando tenemos miedo es huir o asustarnos: la reacción sensible a una amenaza real y aguda. Pero la mayoría de las situaciones que provocan ansiedad en la actualidad no requieren ni escape ni una respuesta de sobresalto. Sin embargo, muchas personas se mantienen fieles a este instinto y huyen del peligro percibido, como una araña inofensiva o una multitud.

- **El componente mental:** cuando reconocemos un peligro, inconscientemente siempre le damos una determinada interpretación. Entonces, primero percibimos algo con nuestros órganos de los sentidos, a lo que luego mentalmente le damos un significado (amenazador). Estos pensamientos que afirman el miedo surgen en milisegundos. Los patrones de pensamiento subyacentes generalmente se ejecutan automáticamente. Entonces, cuando interpretamos una multitud como un peligro potencial para nosotros, sucede tan rápido que en su mayoría no nos damos cuenta.

- **El componente físico:** cuando percibimos un peligro o interpretamos una situación como tal, se desencadenan reacciones físicas propias del miedo. Estos incluyen un aumento en los latidos del corazón y la respiración, palmas sudorosas o inhibición de la digestión.

Las estrategias para lidiar con el miedo comienzan con estos tres componentes. El objetivo no es deshacerse del miedo por completo. Más bien, se trata de cómo se puede hacer frente a situaciones que son importantes para ti a pesar del miedo.

Estrategias sobre cómo superar los miedos.

1.   Superar el miedo a través de la confrontación
Como ya lo hemos dicho, para superar sus miedos, tendrá que enfrentarlos. Por ejemplo, si tiene miedo de hablar frente a la gente, ese miedo no desaparecerá por completo. Él solo desaparecerá por un corto tiempo, y volverá.

El problema: cuanto más a menudo evita una situación que le asusta, más amenazante se vuelve con el tiempo.

Entonces, por ejemplo, cuando se reporta enfermo para evitar hacer su presentación, experimenta un alivio temporal y una disminución de la ansiedad. Pero tan pronto como se aproxime la próxima presentación, volverá a sentir miedo y probablemente más.

Si evita las situaciones que provocan ansiedad, también se está perdiendo una experiencia muy importante: el miedo finalmente se calma por sí solo. Cuando la ansiedad alcanza un punto máximo, desaparece automáticamente. Esto se llama el principio de adaptación. Es solo cuestión de tiempo antes de que llegue la fase de relajación. Pero definitivamente lo logrará.

2.   Acepte el miedo
Los miedos son parte de la vida. No podremos eliminarlos por completo, afortunadamente. Reconocer que los miedos tienen derecho a existir es un primer paso importante para aceptarlos.

Cuando acepta su miedo, puede acelerar el alivio del miedo. La aceptación es también el prerrequisito básico para confrontarse apropiadamente con los propios temores.

Mindfulness, o "La atención plena" es una forma de practicar esta aceptación y superar la dificultad de estar en el aquí y ahora, ralentizando nuestra vida cotidiana y reduciendo el estrés.

3.   Cambiar la interpretación del miedo

Las interpretaciones de una situación que provocan miedo son en su mayoría temores y pensamientos catastróficos que ponen al cuerpo en un estado de alarma. En el caso de la ansiedad ante los exámenes, no es el examen en sí mismo el que provoca la ansiedad, sino la evaluación del examen:

Evaluación de la situación: El cuadro aparece amenazante. Piensa que podría fallar (surge miedo) y supone que no encontrará un trabajo más tarde con malas calificaciones.

Este principio se aplica también a otros miedos. No importa a qué le tengas miedo, el miedo proviene de su evaluación mental. Si experimenta miedo una y otra vez en ciertas situaciones, debe explorar sus pensamientos relacionados con el mayor detalle posible:

•   Elija una situación que le asuste.
•   Imagine la situación y trate de escucharse a sí mismo: ¿Qué está pensando antes o durante la situación?

- Anote todos sus pensamientos.
- Ahora pregúntese: ¿Qué sentimientos evocan estos pensamientos?
- Escriba también sus sentimientos al respecto.
- Una vez que haya explorado sus pensamientos, ahora puede trabajar con ellos y reformularlos en pensamientos positivos. Un ejemplo de ansiedad ante los exámenes:

Situación: prueba

Evaluación de la situación: desafiante

Pensamientos positivos:

- Puedo mostrar lo que he aprendido.
- Reprobar un examen no es el fin del mundo.
- No son solo las calificaciones las que cuentan.
- Son curioso: A ver qué pasa.

Sentimiento creado por la evaluación: serenidad, concentración, leve emoción.

La reevaluación de la situación no es un escape de la realidad. Ninguna evaluación es más real o probable que la otra. Son solo pensamientos. Sin embargo, la ventaja de la segunda evaluación es obvia: genera menos miedo.

Escriba también sus pensamientos alternativos sobre la situación.

Léalos regularmente, preferiblemente antes de enfrentarse a la situación.

Haga esto regularmente para que las nuevas revisiones se automaticen.

Las calificaciones y las interpretaciones no están escritas en piedra y no tienen derecho a la realidad. Es libre de juzgar las cosas como desee. Elija la calificación que reduzca su ansiedad para que pueda manejar las situaciones que le importan.

Consejo: es mejor comenzar con una situación que no desencadene una ansiedad excesiva pero que sea desafiante. Luego aumente con el tiempo.

4. Relajación contra los síntomas físicos de la ansiedad

Primero respire profundamente: los ejercicios de respiración ayudan con la ansiedad aguda.

Cuando tenemos miedo, el cuerpo reacciona. Nos sentimos tensos y emocionados. La mejor manera de combatir los síntomas físicos es hacer ejercicios que aborden directamente la excitación física. Estos son:

- ejercicios de relajación
- ejercicios de respiración

La ventaja de estos ejercicios es que también puedes utilizarlos en situaciones de ansiedad aguda. Por ejemplo, si tiene miedo de volar, puede usar ejercicios en la sala de espera para reducir su miedo. Esto le facilitará enfrentar las situaciones que le provocan ansiedad.

Cuando el miedo es demasiado

Todas las personas tienen miedo. Algunos sufren tanto que sus vidas se ven severamente restringidas. A continuación, sufre de un trastorno de ansiedad. El miedo exagerado puede relacionarse con determinados objetos, como arañas o gatos (fobias) o expresarse de forma difusa en forma de trastorno de ansiedad generalizada. En general, el 25 por ciento de todas las personas sufren trastornos de ansiedad al menos una vez en la vida.

Si tiene la sensación de que no puede lidiar con sus miedos por sí mismo y que, como resultado, su vida se ve severamente restringida, consulte a un psicólogo. Las terapias no farmacológicas en el campo de los trastornos de ansiedad están muy bien investigadas científicamente y, a menudo, son muy efectivas.

Capítulo 6
Herramientas
para la felicidad

La resiliencia

La resiliencia designa y describe el don de superar las crisis sin sufrir daños psicológicos.

Seguramente conoce a personas de pie que no dejan que nada los deprima. Si les ocurre un accidente, se vuelven a levantar poco después, e incluso durante crisis profundas logran mantener la calma. Según los psicólogos, estas personas tienen resiliencia.

La resiliencia es el sistema inmunológico de nuestra alma. El término resiliencia proviene originalmente de la ciencia de los materiales: los materiales flexibles que vuelven a su forma original después de las influencias externas se denominan resilientes.

Sin embargo, aplicado a los humanos, el término significa aún más. Quien sobrevive a las adversidades de la vida o a momentos especialmente estresantes, como despidos, separaciones, presiones de tiempo en el trabajo o conflictos familiares, no solo es resiliente; sino que además pueden incluso crecer en las crisis.

¿Qué constituye la resiliencia de una persona?

Las personas resilientes tienen ciertas cualidades que conforman su resiliencia mental. Estos se resumen en seis factores de resiliencia:

Aceptación: las personas resilientes pueden aceptar lo que les ha sucedido y ver los problemas y las crisis como parte de la vida.

Optimismo: "Todo saldrá bien": algo así es un pensamiento optimista de una persona resistente. Pensar positivamente hace que las personas sean seguras y resilientes.

Autoeficacia: Creer en las propias habilidades y destrezas es una piedra angular importante de la resiliencia mental. Las personas resilientes confían en que pueden gestionar y resolver crisis y problemas de forma independiente.

Responsabilidad personal: las personas resilientes están dispuestas a asumir la responsabilidad de sus vidas en lugar de verse a sí mismas como víctimas de las circunstancias; ni mucho menos, sindican a otros por los propios errores. Intentan resolver los problemas por sí mismos, incluso si no los causaron.

Orientación en red: Las amistades dan fuerza en las crisis. Las personas resilientes construyen relaciones sociales y aceptan abiertamente apoyo y ayuda en tiempos difíciles.

Orientación a la solución: Consideran que en toda crisis suele haber formas que nos ayudan a salir fortalecidos y aprender algo de ellas. Las personas resilientes se orientan hacia las soluciones y tratan de implementarlas.

Cultivan amistades: Son los amigos, a quienes uno elige por empatía; y son ellos los que estarán en los momentos difíciles.

Los cimientos de la resiliencia se establecen en la primera infancia y explican por qué ciertas personas son más resilientes emocionalmente que otras. Todavía es posible trabajar activamente en su resiliencia como adulto.

Cómo entrenar la resiliencia

La resiliencia es como un paraguas que nos ayuda a superar las adversidades de la vida. La resiliencia es como un músculo que se puede entrenar.

Sobre la base de los seis factores de resiliencia, ofrecemos tres consejos prácticos que puede utilizar para fortalecer su resiliencia.

1.   Aceptar que la vida significa cambiar y afrontar las crisis con confianza.
La atención plena promueve la aceptación y la confianza, pilares importantes para la resiliencia mental.

Acepta que la vida posee altibajos. La atención plena es una forma de construir la aceptación. Si se es consciente, se puede sobrevivir a las crisis sin hundirse en un torbellino de pensamientos y sentimientos negativos. Además, una actitud de aceptación promueve una actitud de confianza y afirmación de la vida y, por lo tanto... optimismo.

Para fortalecer su resiliencia, puede comenzar a meditar regularmente.

2.   Crea en sus habilidades y tome decisiones

Un diario de éxito ayuda a descubrir las propias habilidades y, por lo tanto, aumenta la resiliencia.

Especialmente en tiempos difíciles debe ser consciente de sus puntos fuertes. Le ayudan a mantener la confianza. Piense en cómo manejó las crisis en el pasado. ¿Tiende a verse a usted mismo bajo una luz más bien negativa? ¿Olvida fácilmente lo que ya ha hecho y como lo ha logrado o superado?

Cada noche escriba lo que hizo bien ese día. Si corre el peligro de olvidar sus propias habilidades, puede leer en este diario lo que ya ha logrado. En tiempos de crisis, reflexione sobre sus habilidades. Entonces puede decidir conscientemente qué puede hacer para resolver los problemas. Se responsabiliza de su vida y entrena su resiliencia.

3.   Encuentre formas de resolver sus problemas y acepte ayuda

La resiliencia también significa no darse por vencido fácilmente. Piense en cómo reaccionarían otras personas en una situación así. Tómese su tiempo e intente encontrar tantas soluciones a su problema como sea posible. Escríbalos a todos.

Elija una solución y luego decida implementarla.

Además, no tengas miedo de pedir ayuda a sus amigos en tiempos difíciles. Tal vez uno de ellos ya estaba en una situación similar. Confíe en su pareja o familia y acepte la ayuda que le ofrecen. En casos muy graves, la ayuda profesional puede ser la solución.

Recuerde: No tiene que resolver todos los problemas solo.

Resiliencia no significa endurecimiento

Algunos creen que la clave de la resiliencia es el fortalecimiento. Pero tenga cuidado, trabajar más, y ser más duro y exigente, no hará que resuelva todos sus problemas. No nos hace más resistentes, solo nos abruma. El camino hacia la resiliencia es diferente: es el equilibrio.

El secreto está en tratar de forma sostenible con los propios recursos psicológicos. Menos carga de trabajo, menos presión para tener éxito, más descansos y poder decir "no" a una tarea adicional.

Porque los músculos necesitan descansar para crecer. Para estar preparados para tiempos difíciles, es importante cómo disfrutamos los buenos momentos en nuestras vidas y cómo nos mantenemos mentalmente saludables.

Tómese su tiempo y disfrute de los hermosos momentos de su vida.

Ya sea una buena comida, tiempo con sus amigos o una hermosa puesta de sol. Puede recurrir a estos recuerdos cuando las cosas no van tan bien. Al mismo tiempo, sirven para la relajación mental.

Conclusión: la resolución activa de sus propios problemas y el descanso regular promueven la resiliencia.

Cada problema y crisis en su vida le ofrece una oportunidad para crecer y aprender. Aproveche esta oportunidad y resuelva sus problemas bajo su propia responsabilidad. Esto le da fuerza y confianza en sí mismo y fortalece su resiliencia. Al mismo tiempo, trátese a usted mismo de manera sostenible: utilice tiempos sin crisis para recuperarse y disfrutar la vida desde sus lados más bellos.

Automotivación: Cómo superar el YO más débil

La automotivación no es un problema para todos. Sin embargo, para algunos es muy difícil superar su yo más débil. Existen métodos que puede utilizar para organizarse y motivarse para lograr sus objetivos.

Para motivarte, tiene que tener claro lo que realmente quiere lograr. Pero es igual de importante saber lo que no quiere. Si tiene sus objetivos en mente y puede distinguir lo importante de lo que no lo es, el primer paso ya está dado.

- **Ordene las tareas por importancia**

Un método para distinguir las tareas innecesarias de las necesarias se basa en el principio de Eisenhower. Así es como el presidente de los Estados Unidos, Eisenhower, clasificó sus tareas por importancia:

- Escriba todas las tareas que eventualmente necesitará completar en una lista de tareas pendientes.
- Dibuje un diagrama de Eisenhower como en la imagen siguiente, introduzca todas las tareas de la lista de tareas pendientes en los cuatro campos.
- Es mejor hacer las tareas del campo A inmediatamente, porque son particularmente críticas en cuanto al tiempo.
- En el campo B, ingrese las tareas que son importantes pero que no deben realizarse de inmediato. Para no olvidarlos, debe pensar en una fecha fija cuando los haga.

	Urgente	No urgente
Importante	*Tareas A* Realizar de inmediato	*Tareas B* Planificar con exactitud y resolver
No importante	*Tareas C* Delegar	*Tareas D* Desechar o archivar

- Todas las tareas que no tiene que hacer usted mismo, pero que también se pueden transferir, terminan en el campo C.

•   No tiene que motivarse para las tareas del campo D. Son simplemente innecesarios.

• Establezca prioridades

Así es como decide lo que es importante en su vida. Establecer prioridades ayuda a mantener la orientación y alcanzar los objetivos.

• Metas en lugar de tareas

Escalar una montaña siempre es difícil. Pero la vista vale aún más la pena.

Sin embargo, con una lista de tareas pendientes, las mismas parecen interminables, y su mera existencia a menudo es suficiente para evitar que continúe. Por eso es importante que visualice los objetivos que se ha propuesto.

Por ejemplo, su objetivo puede ser escalar una montaña. Está parado en el valle y a punto de escalar, pero su ser más débil preferiría tomar una taza de café. Luego piensa en cómo será cuando esté en la cima de la montaña: ve las cimas de las montañas cubiertas de nieve, las nubes pasan, el sol brilla, el aire es claro y refrescante, y ya está dando los primeros pasos hasta la cumbre.

• Táctica de salami

Si divide una tarea grande en muchas pequeñas, inmediatamente parece menos mala.

Tiene que escalar esta montaña increíblemente alta. Esta es una gran tarea que se puede dividir en otras más pequeñas: la ruta a la bifurcación en el camino, luego a los pastos alpinos, el tramo a través de la nieve y la vía ferrata en la roca. Puede superar fácilmente su yo más débil si solo tiene que caminar el primer tramo. Luego el segundo y así sucesivamente.

¿Y si su yo más débil sigue haciendo ruido? ¡Lleve a un amigo con usted en el tour de montaña! En la sociedad, la automotivación ya no es tan importante; ahora pueden motivarse unos a otros.

- **El principio de Pareto: el perfeccionismo es ineficiente**

A veces no vale la pena hacer el 80 por ciento de trabajo por el 20 por ciento de rendimiento: el principio de Pareto.

Nadie es perfecto, incluyéndolo a usted. E incluso si no logra administrar una tarea, ¡un éxito parcial también es un éxito! Para seguir con la metáfora del alpinismo, es posible que no haya llegado hasta la cima, sus rodillas no lo soportarán. Sin embargo, ha cruzado la línea de árboles y ve un panorama maravilloso.

Este es un ejemplo del llamado principio de Pareto: con el 20 por ciento del esfuerzo puede hacer el 80 por ciento del trabajo; para el 20 por ciento restante necesita el 80 por ciento del esfuerzo. O, dicho de otro modo: con la rodilla agotada está en el 80 por ciento de la distancia que quería recorrer. ¡Pero el último 20 por ciento le daría cuatro veces más problemas que el camino que ha recorrido hasta ahora!

- **Automotivación a través de recompensas.**

¿Qué quiere su traicionero interior? Holgazaneando, comiendo, durmiendo, navegando por Facebook o Instagram, sin hacer nada. Está a punto de escalar la montaña, pero su ser más débil pide a gritos una taza de café. Está bien, dices, puedes tomar el café. ¡Pero solo después de escalar la montaña! Mientras sube a la cima, sueña con café caliente. Eso le motiva especialmente cuando las cosas se ponen difíciles. Y cuando llega a la cima, el café sabe el doble de bueno.

- **Prime times y plazos contra el yo más débil**

¿Eres más productivo por la mañana, por la tarde o incluso por la noche? Complete tareas grandes y difíciles durante su mejor momento personal: el momento del día en el que es particularmente productivo y le resulta más fácil motivarse. Establezca plazos artificiales: quieres llegar a la cima al mediodía. Bueno, ¿todavía tienes tiempo para un café primero? Probablemente no.

- **Llegó a su destino: documente y celebre su éxito**

Tome fotos cuando esté en la cima de la montaña. La próxima vez que las mires, definitivamente no pensará en ese café que su yo más débil ha estado deseando. Puede marcar cada tarea completada en su agenda diaria de éxitos o en su lista de tareas pendientes. Nadie puede quitarle la sensación de logro.

Construir la felicidad

Hay varias cosas que se pueden hacer para aumentar las posibilidades de sentirse mejor:

La actividad física y el ejercicio son muy buenos. Realmente no importa qué tipo de actividad sea, siempre y cuando se mueva regularmente.

En lo que a psicología se refiere, existen varios ejercicios que puede utilizar en el día a día. Por ejemplo, hay muchos estudios que muestran que escribir un libro de gratitud puede ser efectivo, es decir, sentarse una o dos veces por semana y escribir las cosas por las que está agradecido en la vida.

El mindfulness también puede ser muy bueno para aprender a centrarnos en lo que está pasando en el presente. Existen toneladas de aplicaciones gratuitas con meditaciones guiadas que pueden ser una buena manera de comenzar.

Otro consejo es establecer objetivos concretos y luego trabajar para alcanzarlos. Sin embargo, lo importante es que las metas sean realistas para que sepa que son alcanzables. Ser capaz de marcar las cosas que ha hecho y sentir que está progresando es gratificante.

######